Max Korbmacher

Der Einfluss der Medien auf das Bild von Migranten in Deutschland

GRIN Verlag

Bibliografische Information der Deutschen Nationalbibliothek:

Die Deutsche Bibliothek verzeichnet diese Publikation in der Deutschen National-
bibliografie; detaillierte bibliografische Daten sind im Internet über http://dnb.d-
nb.de/ abrufbar.

Impressum:

Copyright © 2013 GRIN Verlag GmbH
Druck und Bindung: Books on Demand GmbH, Norderstedt Germany
ISBN: 978-3-656-92044-1

Dieses Buch bei GRIN:

http://www.grin.com/de/e-book/294153/der-einfluss-der-medien-auf-das-bild-von-
migranten-in-deutschland

GRIN - Your knowledge has value

Der GRIN Verlag publiziert seit 1998 wissenschaftliche Arbeiten von Studenten, Hochschullehrern und anderen Akademikern als eBook und gedrucktes Buch. Die Verlagswebsite www.grin.com ist die ideale Plattform zur Veröffentlichung von Hausarbeiten, Abschlussarbeiten, wissenschaftlichen Aufsätzen, Dissertationen und Fachbüchern.

Besuchen Sie uns im Internet:

http://www.grin.com/

http://www.facebook.com/grincom

http://www.twitter.com/grin_com

Universität Bremen   29.01.2014

Fachbereich 8 - Soziologie

Wintersemester 2013/14

„Der mediale Einfluss in Deutschland auf das Individuum in Bezug auf MigrantInnnen"

Max Korbmacher

BA-Soziologie

1. Fachsemester

Gliederung

1. Einleitung

In der Geschichte der Menschheit gab es schon immer Bevölkerungsbewegungen. Seit den 1970er Jahren spielt in Deutschland der Begriff der Migration eine Rolle (Klein 2005: 41). Und dies nicht nur in Bezug auf die Bevölkerungsentwicklung, denn es werden Probleme deutlich, denen sich die deutsche Bevölkerung und Politik in ihren differenzierten Formen noch nicht gegenübergestellt gesehen hat (z.B. die Lampedusa-Flüchtlinge in Hamburg). In den immer wiederkehrenden empörten öffentlichen Auseinandersetzung mit verschiedenen migrationspolitischen Themen (wie der „Asylproblematik") geht es meist um die Zukunft des Landes (also der Gesellschaft und somit auch der Individuen), in Abhängigkeit vom Bevölkerungsanteil der MigrantInnen.

Hier gibt es sehr unterschiedliche Meinungen in der deutschen Bevölkerung wie mit Einwanderern umgegangen werden sollte, je nachdem wie stark „gemeinsam geteilte Wertorientierungen" (Wenzel 1990: 67) bewusst ausgeprägt sind. Hinzu kommt der (über einen längeren Zeitraum veränder- und beeinflussbare) Habitus und daraus entstehende Doxa (Böhlke/Rilling 2007: 58), die jeder Mensch durch seine Erziehung, Bildung und Erfahrungen ausbildet. Doch welchen Einfluss nehmen (außer der Politik und der Historie) die Medien auf das individuelle Denken des Individuums in Deutschland in Bezug auf Immigranten, wenn man davon ausgeht, dass Medien mittlerweile Einzug in alle Lebensbereiche gefunden haben (Pietraß/Funiok, 2010: 7)? Was fällt bei einer genaueren Betrachtung der in den Medien getroffenen Aussagen auf?

Die Hausarbeit wird sich mit der Brisanz der medialen Beeinflussung des Denkens der deutschen Bürger in Bezug auf Migranten beschäftigen.

2. Mediale Beeinflussung in der Gesellschaft

Der Einfluss des Internets hat in den letzten 20 Jahren international stark zugenommen. Durch dessen rasante Expansion in der unter 65 jährigen Bevölkerung auf durchschnittlich 92,5 % Nutzer (in der Menge des Nutzungsanstiegs ähnlich der des Fernsehens ab 1955) sind dessen Inhalte und der Zugriff auf solche nicht (mehr) kontrollier- und nachvollziehbar. Die hohen Nutzerzahlen in Deutschland werden durch die im Anhang befindliche Grafik „Internetnutzung im ersten Quartal 2012 in Deutschland" noch einmal verdeutlicht (Statistisches Bundesamt (Destatis). 2012a.).

In Folge der Verbreitung der mobilen Datennutzung durch den Markterfolg von Smartphones und Tablets konnte schon 2010 für 24 % der deutschen Privathaushalte mit Internetzugang die Nutzung von internetfähigen Handys vermerkt werden (Statistisches Bundesamt 2011). Somit wird die Mediennutzung durch ihre Präsenz normalisiert: 16% aller deutscher Internetnutzer wählten sich bereits 2010 über das Handy ins Internet ein (Statistisches Bundesamt 2010). Hierbei ist zu beachten, dass es eine, mit höherem Alter steigende, Nutzung des Internets zu informativen Zwecken gibt (Statistisches Bundesamt (Destatis). 2012b.).

Über den wissenschaftlichen Gehalt von einem Großteil der informativen Internetseiten lässt sich streiten (da mit dem nötigen IT-Wissen beliebig veröffentlicht werden kann und Quellen oft schwer nachvollziehbar sind), jedoch erleichtert das Internet seinen Nutzern den Zugriff auf jegliche Art von Informationen, denn die „herkömmlichen" Medien (Printmedien, Radio und Fernsehen) sind längst auch im Internet zu finden. Dieser Fakt gestaltet Aussagen über den genauen Konsum von Radio, Fernsehen und Printmedien als schwierig. Denn hauptsächlich wird dieser mittlerweile von internetfähigen Geräten aus getätigt.

Um einer tiefgreifende Analyse des schwer einschätzbaren Effekts der informativen Internetseiten[1], die nicht in Abhängigkeit von Verlagen und anderen, auch außerhalb des Internets angesiedelten Betrieben (die auch tatsächlich von Deutschen besucht werden), und dem Sprengen des Rahmens der Hausarbeit vorzubeugen, wird in

---

1 Mit informativen Internetseiten ist hier gemeint, dass Informationen, die sich auf das tatsächliche Leben (auch historisch) beziehen, vermittelt werden.

dieser Arbeit das Internet eher als ein Hilfsmittel zur besseren Erreichbarkeit der „herkömmlichen" Medien behandelt und sich auf ebendiese konzentriert.

Der wichtigste Antrieb der „herkömmlichen" Medien ist ein ökonomischer, also ein profitorientierter. Dementsprechend wird tendenziell das veröffentlicht, was möglichst viele Medienkonsumenten hervorbringt. Dabei ist der wichtigste Stützpfeiler des Mediensystems die Medien- und Publikumsforschung. Die Forschungsergebnisse und daraus erschlossene Umsetzungen am Markt sind jedoch sozial und politische nicht zwangsläufig tragbar (Huber 1998: 303). Für die Quantität der Konsumenten wird also auch die Qualität ausgewählter Medien gemindert. Auch werden gesellschaftliche Normen in Frage gestellt und sogar für falsch erklärt. Häufig geschieht dies, wenn in der Gesellschaft bereits (vermutet) häufig vorkommende Meinungen wiedergegeben werden, um so ein möglichst breites Publikum anzusprechen.

Fest steht, dass von den „herkömmlichen" Medien eine bestimmte Beeinflussung der Konsumenten gewünscht ist, damit weiterhin konstant konsumiert und der Absatz der Medien gesichert wird.

Im World Wide Web geschieht die Reizsetzung, die den Konsum zur Folge haben soll, vor allem durch die Präsenz von Websites, in sozialen Netzen, Werbeanzeigen und –E-Mails. Besonders durch die Reproduktion der Information, durch Bekannte und Freunde in den sozialen Netzen, sind die Intensität der Reizsetzung und die Internalisierung der Information hier sehr hoch. Im Radio erfolgt die Reizsetzung hauptsächlich durch die Auswahl der Musik. Deshalb und aufgrund der mangelnden Visualisierung werden tendenziös weniger Informationen aufgenommen. Vorteil der Printmedien ist, dass, wenn sich zum Kauf entschieden wurde, die Kosten zum Lesen antreiben. Trotzdem werden nachhaltig weniger Informationen aufgenommen, wie z.B. beim Fernsehen. Dieses hat den größten Effekt von den „herkömmlichen" Medien auf den Konsumenten, da es visuelle und auditive Elemente vereint. Somit können Informationen schneller und genauer dargestellt und aufgenommen werden und es kann sogar mit emotionalen Komponenten gearbeitet werden, was auch die Intensität der Informationsaufnahme steigern kann. Dabei ist zu beachten, dass dem Medium entsprechend die Komplexität der Information angepasst wird, um die Informationsüberlastung gering zu halten (Kroeber-Riel/Esch 2011: 22-26).

Im Internet sind häufig unzuverlässige Quellenangaben zu finden. Wenn jedoch nachvollziehbare Angaben vorhanden sind, führen diese beinahe ausschließlich auf außer-, oder innerhalb des Internets veröffentlichte Printmedien zurück. Dementsprechend muss geschlussfolgert werden, dass eine großen Beeinflussung solcher, auf das Individuum ausgeübt wird.

Wenn davon ausgegangen wird, dass Informationen zum Bilden eines Sinns dienen, der sich als „>Form der Erlebnisverarbeitung<" eignet und ein Zuordnen und Selektiere als Folge hat, sollte jedes Individuum schon während des Medienkonsums eine kritische Haltung innehaben. Dies ist nicht gegeben, weshalb der steigenden Konsum von Medien in Deutschland, mit seinem hohen Beeinflussungsfaktor, kritisch zu betrachten ist (Treibel, 2006: 35). Dass die Einschätzung und Bewertung von kritischem Material Kindern und Jugendlichen schwerer fällt als Erwachsenen, scheint logisch. Also ist auch anzunehmen, dass die Wahrscheinlichkeit größer ist ein junges Publikum zu beeinflussen.

Der Erfolg der Beeinflussung durch Medien hat ein unterschiedliches Maß. Dieses hängt von der Beschaffenheit des Mediums und des Konsumenten ab. Je kritischer der Prozess der Beeinflussung vom Konsumenten gesehen wird, desto unwahrscheinlicher ist dessen Erfolg.

3. MigrantInnen in der Darstellung deutscher Medien

Gerne wird das Internet als Informationsquelle genutzt, um (vor allem mit Videos, nicht-Hollywood-Filmen, Kampagnen, Petitionen) auf die verbesserungswürdigen Einwanderungs- oder Einbürgerungsbedingungen hinzuweisen. Genauso jedoch (leider) auch für das Verbreiten rassistischer Nachrichten, u.a. auch subtil, oder mit einer persiflierenden Wirkung. Wie jedoch bereits im vorausgegangenen Kapitel angesprochen, würde die Dimension des (für Deutsche zugänglichen Teils des) Internets den Rahmen dieser Arbeit sprengen und somit bleibt es bei den vorausgegangenen und am Ende des Kapitels befindlichen Bemerkungen.

Bei der Betrachtung von deutschen Printmedien, am Beispiel der Tagesschau.de, der Frankfurter Allgemeinen Zeitung und der Neuen Ruhr/Rhein Zeitung, kommt es in Artikeln, die sich mit Immigration, Flüchtlingen und resultierenden Problemen beschäftigen, bei einer genaueren Betrachtung häufig zu ethnozentristischen Formulierungen (genauere Erläuterung auf Seite 7). Diese äußern sich durch negativ bewertende und entmenschlichende Termini, wie „illegale Einwanderer/Illegale" und „Einwandererflut" (Sibum 2010: 113). Interessant ist hierbei, dass dies nicht der Regelfall ist, wenn von Katastrophen die Rede ist, da dann die Menschlichkeit des Beitragsverfassers in Frage gestellt werden könnte. Eher wird dann zwischen Bedürftigen (den zur Flucht „Legitimierten") und „Wirtschaftsflüchtlingen" unterschieden, von denen nur die erste Gruppe eine Chance auf Akzeptanz (auf gesellschaftlicher und institutioneller Ebene) hat (Sibum 2010: 101-102). Überwiegend wird neutral und endpersonalisierend von den verschiedenen Einwanderergruppen und ihren Mitgliedern gesprochen. Geht es um Immigranten, die bereits in Deutschland leben, wird bei Negativbeispielen gerne die Nationalität, oder Abstammung in den Vordergrund gerückt, wodurch wiederum eine Gruppenzuordnung und logische Argumentation zur Abgrenzung zur restlichen Bevölkerung hergestellt wird (Sibum 2010: 92-93).

Aus dem ausgewerteten Material resultieren 4 Arten der Argumentation zur Begründung der Abwertung von Fremdgruppen. Bei der ersten handelt es sich um die materialistische Argumentation. Bei dieser kommt es oft zu Neid und der Angst vor Ausbeutung durch die Fremdgruppe (Rieker 1997: 85). Die kriminalisierende Argumentation stellt die Fremdgruppe als gefährlich und somit nicht gesellschaftsfähig dar. Besonders Straftaten tauchen in den Schlagzeilen oft in Verbindung mit der Nationalität des Täters auf, insofern dieser nicht Deutscher ist. In der rassistischen Argumentation wird einzig und allein auf die genetisch/-biologischen Anlagen der Fremdgruppe eingegangen, häufig wird in diesem Zusammenhang von der Angst einer „Überfremdung" gesprochen, die durch oben genannte Metaphern, wie „Einwandererflut" oder „Flüchtlingsschwemme" in den Medien unterstrichen wird. (Rieker 1997: 63-75). Anhand der vorhergegangenen Beispiele (Straftaten, die mit der Nationalität in Verbindung gebracht werden und entmenschlichende Metaphern) wird aufgezeigt, dass des Öfteren eine so große kulturelle Differenz unterstellt wird, dass nicht gesellschaftskonform gehandelt werden kann. Daraus folgend kommt es zu der kulturalistischen Argumentation, bei der auf Sprache, Religion und Lebensgewohnheiten der Fremdgruppe festgehalten wird, die angeblich nicht in die deutsche Gesellschaft passen.

Von einem ökonomisch-rationalen Standpunkt ausgehend, der durch Normen von Leistungsgesellschaften, wie der deutschen, gefördert wird, wird Argwohn gegenüber „Fremden" überwiegend in Form von Existenzängsten (materialistische Argumentation) bemerkbar. Diese Existenzängste sind auch durch den großen Konkurrenzkampf zwischen den Arbeitskräften, auf dem deutschen Arbeitsmarkt, bedingt. Diese Argumentation, in Verbindung mit unbewusstem Fremd- und Eigengruppendenken (und möglicher bewusster oder unbewusster Stereotypisierungen), die ihren Ursprung in der Kindheit haben, werden im Erwachsenenalter, bei fortlaufender Wiederholung und erhalten ähnlich kategorisierbarer Informationen zu Erfahrungswerten, die in spezifischen Situationen das Rückgreifen und Wachrufen der dazu internalisierten Leitbilder und folglich auch darauf aufbauender Denk- und Handlungsweisen verursachen. Von der Theorie (Bourdieus) der symbolischen Gewalt ausgehend, ist die Entscheidungsfähigkeit des Individuums über diese Meinungsmache fragwürdig.

Insgesamt lässt sich immer wieder eine (wie beschrieben) negative Darstellung ausmachen, oder eine, die MigrantInnen,, im positiven Darstellungsfall, in eine Opferrolle steckt (z.B. durch Katastrophenmeldungen, Spendenaufrufe). Damit wird folglich wieder eine Gruppenzuweisung durchgeführt, durch die sich abgegrenzt wird und eine Ungleichheit aufgezeigt wird.

Ein Zusammenhang kann hier historisch auf den Ethnozentrismus zurückgeführt werden. Dieser äußert sich durch ein Aufwerten der Gruppe, der sich das Individuum zugehörig fühlt, in Form von Abwertung(-en) von Fremdgruppen (Rieker 1997: 75). Ethnozentrismus taucht in einer einfachen Form schon in Kinderbüchern, -filmen und –serien auf und vermittelt Bilder eines, nicht allzu selten negativ dargestelltem Fremden („Wer hat Angst vorm schwarzen Mann?"). Auch durch den Literatur- und Kulturerhalt, z.B. von Kinderbuchklassikern, beispielsweise von Wilhelm Busch, kann historisch negativ belegtes und nicht mehr alltagsfähiges Sprachgut (z.B. Termini, wie Neger) wieder zu Tage gefördert und somit ethnozentristisches Gedankengut in der Gesellschaft konserviert werden. Mit dem Internet kommen nun auch neue Dimensionen von vermittelten ethnozentristischen, bis rassistischen Bildern auf, die z.T. in ihrer Direktheit in der Öffentlichkeit verpönt sind/waren.

Dabei soll jedoch nicht von der tendenziös hohen Beeinflussung der Vielfalt der politisch fragwürdigen Fernsehprogramme abgesehen werden, die oft als Freizeitprogramm im Kindes- bis Erwachsenenalter dienen.

4. Fazit

Längst ist die Medienforschung weit genug, um mit Sicherheit vorhersagen zu können, wie bestimmte Inhalte von Zielgruppen aufgenommen und mit welcher Methodik sie verinnerlicht werden. Dabei tragen die Medien eine große Verantwortung, auch in Bezug auf die Integration (Sibum 2010: 92). Mit einem Blick auf die deutsche Geschichte, sollten Themen wie Immigranten und der Asylprozess mit besonderer Vorsicht behandelt werden und die Macht der Medien eher zur Verbesserung der Verhältnisse genutzt, statt primär profitorientiert gesteuert zu werden.

Dass die mediale Beeinflussung bei einer Gewinnaussicht beispielsweise ethische oder kulturelle Werte und Vorstellungen verletzt, ist jedoch kein Geheimnis. Der ökonomische Nutzen steht im Vordergrund. Wenn nicht, kommt es zum Konflikt zwischen der ökonomischen und der sozialen Rationalität und u.U. zum Zweifel am Homo Oeconomicus (wobei dieser Zweifel, nach der Meinung des Autors, das Positivbeispiel wäre). Ist dieser Zweifel vorhanden, kann auch mit einer bestimmten Menge an Kritikfähigkeit für die eigenen Beiträge agiert werden.

Problematisch wird es jedoch dann, wenn Gewinn und somit die ökonomische Rationalität gepaart mit einer schlecht funktionierenden Ausbildung von Journalisten in den Vordergrund treten. Dabei können Beiträgen auftreten, die nicht „systemgerecht [argumentieren, da sie nicht] auf die jeweilige publizistische Institution, das jeweilige Publikum, die jeweilige Publikationsmaterie und die ideellen Grundvoraussetzungen von Demokratie abgestimmt [sind]" (Huber 1998: 140). Bauen Beiträge in ihrer veröffentlichten Form auf solchen nicht gesellschaftlich tragbaren Forschungsergebnissen auf, die oft auch die Menschenrechte verletzen (Unbekannter Verfasser: 1948), so sind diese nicht tragbar. Dagegen steht das

Recht der freien Meinungsäußerung, welches zur Legitimation und mangelnden Kritik an solchen Beiträge führen kann.

Im Endeffekt wird das Maß der Reflexion in die Hände des Veröffentlichenden gelegt, wobei sich mit diesem Maß und mit den resultierenden potentiellen sozialstrukturellen Folgen bei den wenigsten Medien auseinandergesetzt wird. Das heißt jedoch nicht, dass es nicht andere, weniger ethnozentristische Wege gibt, Informationsgehalte zum Thema Immigranten, auch mit einer optimaleren ökonomischen Prognose und Umsetzung, zu vermitteln, als sie bereits in einem Großteil der Medien Anwendung finden. Hierzu sind z.b. umfassende Schulungen der Journalisten und eine „Selbstkontrolle der Medien im Prozess der Qualitätssicherung des Journalismus" (Huber 1998: 311) während und auch nach der Ausbildung unabdingbar. Diese Selbstkontrolle kann z.b. durch den Vergleich mit anderen (z.b. ausländischen) Medien und durch Kommunikation mit der Wissenschaft unterstützt werden. Besonders die Bundesregierung könnte mit gezielten Aktionen z.b. durch Bildungsangebote (ab dem Schulbesuch) den Versuch unternehmen die gesellschaftlichen Wertvorstellungen zu prägen und eine höhere Eigenverantwortung und Kritikfähigkeit der Konsumenten herzustellen.

5. Literaturverzeichnis

Bücher:

Böhlke, Effie/Rilling, Rainer. 2007. *Bourdieu und die Linke. Politik-Ökonomie-Kultur*. Berlin: Karl Dietz Verlag.

Huber, Christian. 1998. *Das Journalismus-Netzwerk. Wie mediale Infrastrukturen journalistische Qualität beeinflussen*. Inssbruck: StudienVerlag.

Klein, Thomas. 2005. *Sozialstrukturanalyse. Eine Einführung*. Reinbek bei Hamburg: Rowohlt Verlag.

Kroeber-Riel, Werner/Esch, Franz Rudolf. 2011. *Strategie und Technik der Werbung*. Stuttgart, Berlin, Köln: Kohlhammer.

Pietraß, Manuela/ Funiok, Rüdiger. 2010. *Mensch und Medien. Philosophische und sozialwissenschaftliche Perspektiven*. Wiesbaden: Springer Science+Buisness Media, GWV Fachverlage.

Rieker, Peter. 1997. *Ethnozentrismus bei jungen Männern. Fremdenfeindlichkeit und Nationalismus und die Bedingungen ihrer Sozialisation*. Weinheim/ München: Juventa Verlag.

Sibum, Helen. 2010. *"Asylshopping" und "Flüchtlingswellen". ein Vergleich des Migrationsdiskurses in Deutschland und Australien*. Berlin: Logos Verlag.

Treibel, Annette. 2006. *Einführung in die soziologischen Theorien der Gegenwart. Einführungskurs Soziologie*. Wiesbaden: Springer Science+Buisness Media.

Wenzel, Harald. 1990. *Die Ordnung des Handelns. Talcott Parsons Theorie des allgemeinen Handlungssystems*. Frankfurt am Main: Suhrkamp.

11

Internetquellen:

Statistisches Bundesamt (Destatis). 2012a. Internetnutzung im ersten Quartal 2012
nach Altersgruppen, Deutschland.
https://www.destatis.de/DE/ZahlenFakten/GesellschaftStaat/EinkommenKonsumLeb
ensbedingungen/_Grafik/Internetnutzung.html. Zugegriffen: 06.01.2014.

Statistisches Bundesamt (Destatis). 2012b. Private Nutzung von Informations- und
Kommunikationstechnologien im ersten Quartal 2012 nach Altersgruppen,
Deutschland.
https://www.destatis.de/DE/ZahlenFakten/GesellschaftStaat/EinkommenKonsumLeb
ensbedingungen/ITNutzung/Tabellen/NutzungInternetPrivZweckeAlter_IKT.html.
Zugegriffen: 09.12.2013.

Statistisches Bundesamt (Destatis). 2011. Pressemitteilung zum Erscheinen des
Statistischen Jahrbuchs 2011.
https://www.destatis.de/DE/PresseService/Presse/Pressemitteilungen/2011/10/PD11
_368_p001.html. Zugegriffen: 06.12.2013.

Statistisches Bundesamt (Destatis). 2010. Mobile Internetnutzung nach
Altersgruppen, Deutschland.
https://www.destatis.de/DE/PresseService/Presse/Pressemitteilungen/2011/02/PD11
_060_63931.html. Zugegriffen: 06.12.2013.

Unbekannter Verfasser. Allgemeine Erklärung der Menschenrechte. 1948.
Resolution 217 A (III) der Generalversammlung vom 10. Dezember 1948
http://www.un.org/depts/german/grunddok/ar217a3.html. Zugegriffen: 07.12.2013.

6. Anhang

Abbildungen

Internetnutzung im ersten Quartal 2012 in Deutschland

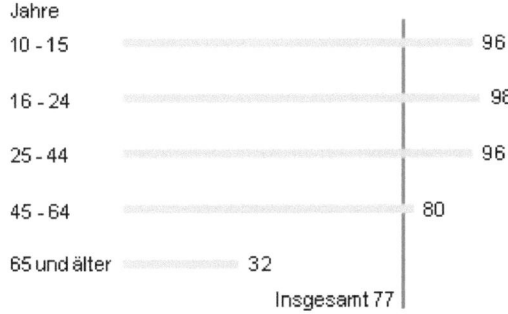

Internetnutzung im ersten Quartal 2012
nach Altersgruppen in %

Jahre

10 - 15	96
16 - 24	98
25 - 44	96
45 - 64	80
65 und älter	32

Insgesamt 77

© Statistisches Bundesamt, Wiesbaden 2012

Quelle:

https://www.destatis.de/DE/ZahlenFakten/GesellschaftStaat/EinkommenKonsumLeb ensbedingungen/_Grafik/Internetnutzung.html. Zugegriffen: 06.01.2014.